드럼 전공자를 위한

Drum Reading

- 응용편 -

유상일 저자

창조와 지식

드럼 전공자를 위한

Drum
Reading ㅣ 응용편

초판 1쇄 발행 2024년 8월 12일
지 은 이 유상일

출 판 사 창조와 지식
주   소 서울특별시 강북구 덕릉로 144
대표전화 1644-1814

ISBN 979-11-6003-764-7
정 가 10,000원

머리말

<드럼 초보자를 위한 드럼리딩 기초편> 교재를 통해서 이론과 악보를 읽고 연주하는 방법을 좀 더 효율적으로 알아보았습니다. 또한 노트의 사운드를 이용해서 좀 더 효과적으로 연주할 수 있는 능력을 갖게 되었으며, 이번 <드럼 전공자를 위한 드럼리딩 응용편> 교재를 통해 악보를 다양한 패턴으로 응용해서 연주하는 법을 배우게 될 것이며, 간단한 8th notes, 16th notes, Triplet notes 악보를 보고 재즈 컴핑, 솔로, 보사노바 컴핑, 삼바 컴핑, 셔플 베이스라인, 펑크 리듬과 솔로까지 아이디어 컨셉으로 연주하게 될 것입니다.

저자 소개

<학력>

미국 MI College of Contemporary Music 예술학사졸업
경희대학교 포스트모던음악학과 전공
경희대학교 아트퓨전디자인대학원 실용음악학과 석사졸업
경희대학교 일반대학원 응용예술학과 실용음악학과 박사 과정

<교육경력>

현 한림연예예술고등학교 공연예술학부장
현 경희대학교 포스트모던음악학과 겸임교수
현 경희대학교 아트퓨전디자인 대학원 겸임교수
전 서울실용음악고등학교 음악부장
전 백석예술대학교 실용음악학과 외래교수
전 정화예술대학교 실용음악학과 외래교수
전 서울미래음악학교 음악부장
전 중부대학교, 한양여자대학교, 백석대학교 음악대학원, 숭실대학교, 계명대학교,
　명지대학교 문화예술대학원, 호서대학교 실용음악학과 출강

<유상일의 아이디어드럼 방송 콘텐츠>

1. 2011-2020 CJ tv 유상일의 아이디어 드러밍 TV방송 (초급20강의, 중급20강의)
2. 2011-2020 kT올레tv 유상일의 아이디어 드러밍 TV방송 (초급20강의, 중급20강의)
3. 2011-2020 디지털케이블tv 유상일의 아이디어 드러밍 TV방송 (초급20강의, 중급20강의)
4. 2011-2020 LG유플러스tv 유상일의 아이디어 드러밍 TV방송 (초급20강의, 중급20강의)
5. 2011-2020 SK브로드밴드tv 유상일의 아이디어 드러밍 TV방송 (초급20강의, 중급20강의)
6. 2011-2020 ㈜ 미디어로그tv 유상일의 아이디어 드러밍 TV방송 (초급20강의, 중급20강의)
7. 2021-현재 유상일의 Idea Drumming 초급, 중급드럼 CLASS101(인터넷 영상콘텐츠)

<방송>

1. SBS TV 방송출연-SBS 특집다큐 "대안교육을 돌아보다" (인터뷰)
2. 엠넷 방송출연-가수 유승우편 심사 방송 (심사위원으로 출연)
3. CBS 라디오 공개방송 출연-가스펠아워 " 골든메이트 " (공연 및 인터뷰)
4. CBS 라디오 방송출연-CCM캠프 " 골든메이트 " 출연 (인터뷰)
5. CTS 라디오 방송출연-CTS 라디오 JOY 출연 (인터뷰)

<앨범>

1. 2010.04.07. 비 (Rain) 6집 " Back To The Basic "드럼세션
2. 2011.05.03 골든메이트 1집 (Golden Mate)
3. 2011.04.15. The Nu Gospel Project 앨범발매
4. 2012.06.11. 더 빔 (The Beam) 1집 " First Step "발매
5. 2014.06.27. 더 빔 (The Beam) 2집 발매
6. 2016.10.05. 미스터 알렌 프로젝트 싱글앨범
7. 2018.4.6. 더빔 디지털 싱글앨범 "달리기"
8. 2018.10.15. 더빔 디지털 싱글앨범 " I MISS YOU "
9. 2019. 2. 20 더빔 디지털 싱글앨범 " 날마다 "
10. 2019. 5. 30 더빔 디지털 싱글앨범 " 살아계신주 "
11. 2019. 11. 6 더빔 디지털 싱글앨범 " 바보 "
12. 2024. 2. 22 제이럽 (J.Luv) 디지털 싱글앨범 " 하나님은 너를 지키시는 자 "

<공연 및 특강>

1. 2014 단독콘서트 및 세션- 더빔 쇼케이스 (노리터 플레이스)
2. 2013 단독콘서트 및 세션- 올레스퀘어 톡 콘서트 " 재즈 앤 더 시티 "
3. 2018 단독콘서트 및 세션- 제2회 상명재즈페스티벌 " 더빔공연 "
4. 2018 단독콘서트 및 세션- 나니아의 옷장 " 골든메이트 "2018
5. 2014 단독콘서트 및 세션- 한화 aqua concert " 더빔 콘서트 "
6. 2009-2020 재즈클럽 공연 다수 등 (클럽 오뙤르, 에반스, kt올레스퀘어)
7. 2017 드럼 마스터클래스 드러머 유상일 초청 " 리듬트레이닝 출판기념 "
8. 2014 제1회 olah worship & music school 드럼 특강 2014
9. 2015 제2회 olah worship & music school 드럼 특강 2015
10. 2013 국회특강- 제1차 법학전문대학원생 국회실무수습 특강
  " 한국 대중음악의 해외진출과 실용음악과 교육현황" 특강

<드럼 콘텐츠 기획 및 연출>

서울실용음악고등학교 드럼전쟁 시즌1~시즌5 총 기획 및 연출

<저서>

1. 2013.09.05. 아이디어 드럼(아름출판사)
2. 2017.01.30. 드럼을 위한 리듬트레이닝 1(스코어출판사)
3. 2017.01.30. 드럼을 위한 리듬트레이닝 2(스코어출판사)
4. 2017.08.18. 드럼 리딩의 정석(좋은땅 출판사)
5. 2017. 09 드럼리딩(도서출판 지피에스)
6. 2017.09.28. 스네어 드럼의 정석(좋은땅 출판사)
7. 2018.05.24. Rhythm School(중국학생을 위한 리듬교재)
8. 2020.3.19. The End of Drum 입문편(좋은땅 출판사)
9. 2023.10.11. Drum Training Volume1(창조와 지식)
10. 2023.10.11. Drum Training Volume2(창조와 지식)

<제목 차례>

1. 노트의 정의 및 노트 사운드 복습

리딩1 교재에서 중요하게 이야기 했던 노트의 정의와 노트 사운드를 다시 공부하고 시즌2를 시작해 보겠습니다.

① Quarter Notes

$\frac{4}{4}$박자 기준으로 한 마디안에 Quarter Notes가 4개 있는 것입니다.

② 8th Notes

$\frac{4}{4}$박자 기준으로 한 마디안에 8th Notes가 8개 있는 것입니다.

③ Triplet Notes

$\frac{4}{4}$박자 기준으로 한 마디안에 Triplet Notes가 4개 있는 것입니다.

④ 16th Notes

$\frac{4}{4}$박자 기준으로 한 마디안에 16th Notes가 16개 있는 것입니다.

⑤ 16th Triplet Notes

$\frac{4}{4}$박자 기준으로 한 마디안에 16th Triplet Notes가 4개 있는 것입니다.

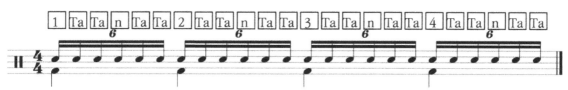

⑥ 32nd Notes

$\frac{4}{4}$박자 기준으로 한 마디안에 32th Notes가 32개 있는 것입니다.

2. 아이디어 컨셉. 소개

리딩 1교재에서 봤던 이 악보를 이용해 다양한 패턴을 공부해 보겠습니다.
악보를 보고 8th notes 사운드로 소리내어 연주해보세요.

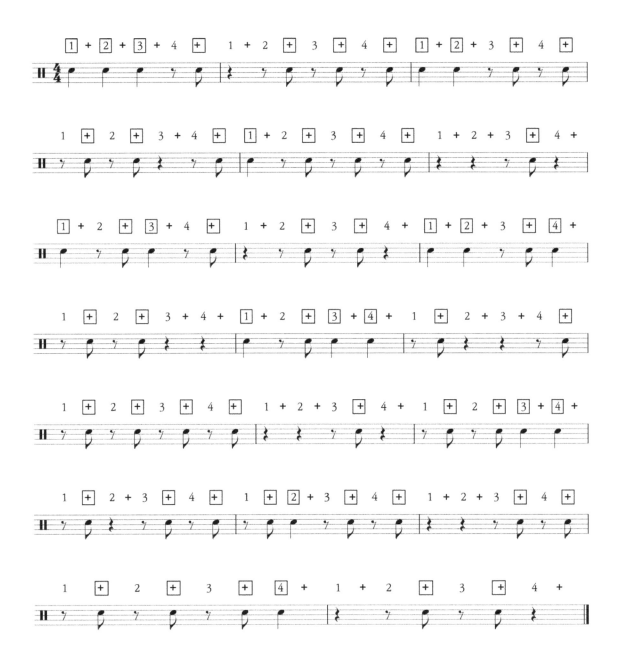

3. 아이디어 컨셉. Jazz Comping - 1 (Snare Comping)

 앞에 있는 8th notes악보를 이용해서 Jazz Comping을 연주해보세요.

여기서 말하는 Jazz Comping을 하기 위해서는 먼저 Swing 리듬에 대한 공부가 선행되어야 하며, 이 악보는
8th notes이기 때문에 Jazz Comping을 하기 위해서 Triplet notes로 응용해야 합니다.

그래서 ♩ = 1 T T, 𝄾 ♪ = 1 T T 로 적용해서 연주해야 합니다.

위 본문에서 말한 스윙리듬의 포인트를 한번 더 생각해보고, 나머지 4줄도 똑같이 그려보고 연습해보세요.

연습과제. Jazz Comping (Snare Comping)

악보에 직접 노트를 표시해보고 재즈 악보로 다시 그려 연주해보세요.

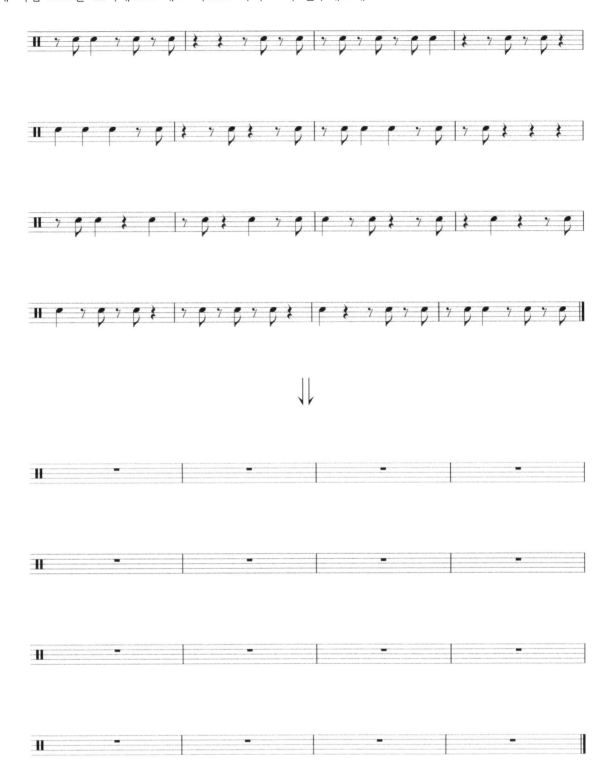

4. 아이디어 컨셉. Jazz Comping - 2 (Bass Comping)

앞에서 공부한 재즈 스네어 컴핑을 그대로 베이스 킥으로 적용해서 연주해 보세요.

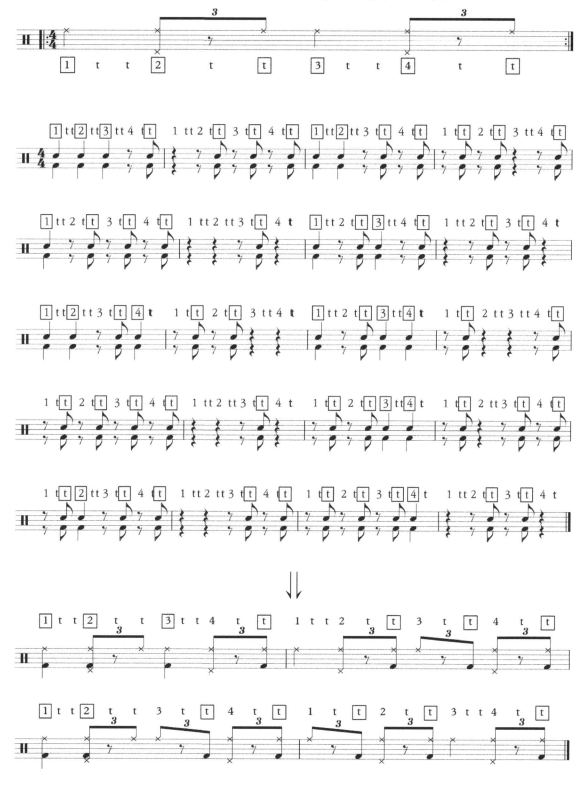

스윙리듬의 포인트를 한번 더 생각해보고, 나머지 4줄도 똑같이 그려보고 연습해보세요.

연습과제. Jazz Comping (Bass Comping)

악보에 직접 노트를 표시해보고 재즈 악보로 다시 그려 연주해보세요.

5. 아이디어 컨셉. Jazz Comping - 3 (Snare + Bass Kick Comping)

 아이디어 컨셉. 1, 2를 충분히 연습 한 후 스네어 컴핑과 베이스 킥 컴핑을 한번씩 연주하는 방법입니다. 많이 어려울 수 있으나, 충분히 천천히 연습하며 익혀보세요.

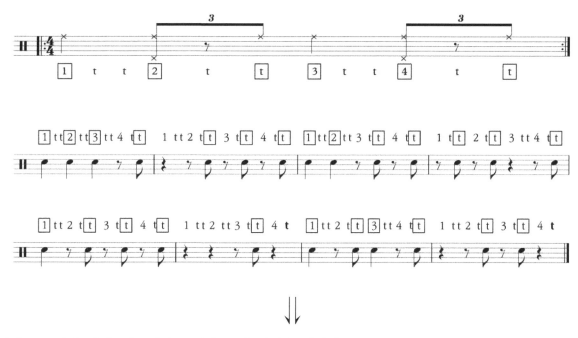

*홀수 박자는 스네어 컴핑, 짝수박자는 베이스 킥 컴핑을 합니다.

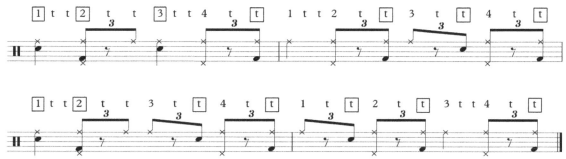

나머지 4마디도 똑같이 그려보고 연습해보세요.

연습과제. Jazz Comping (Snare + Bass Comping)

악보에 직접 노트를 표시해보고 재즈 악보로 다시 그려 연주해보세요.

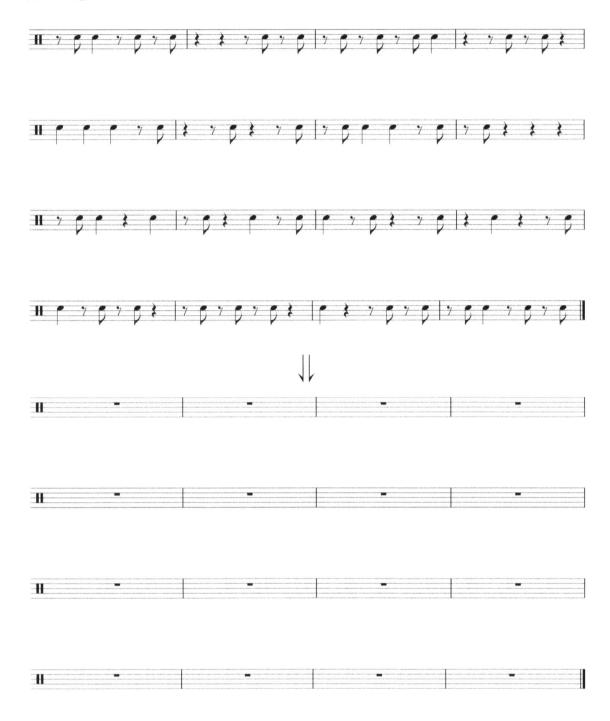

6. 아이디어 컨셉. Jazz Comping - 4 (Jazz Solo)

컨셉2는 재즈 Solo 응용패턴으로, 같은 악보를 보고 재즈 Solo 연주를 할텐데, 여기서도 먼저 공부해야 할 테크닉이 있습니다.

① ♩ = R L L,   ② 𝄽   ♪ = L L R,

③ ♩ 𝄽 ♪ = R L R L L R.   ④ 𝄽 = R L R   (악보12-1~4(음표모음))

이 내용을 좀 더 자세하게 공부한다면,

① ♩ = R L L 을 악보로 표현한다면

R   L   L   이며, R은 라이드심벌을 치게 되는데 베이스 킥도 같이 연주해야 하며,
L L은 스네어 드럼을 치게 되는데 작은 소리로 연주하세요. (악보12-2(악보-1)

② 𝄽   ♪ = L L R 을 악보로 표현한다면,

L   L   R   이며, 여기서도 L L은 작게 치고 R은 베이스 킥과 함께 연주하세요.
(악보12-2(악보-2)

③ ♩ 𝄽 ♪ = R L L L L R 을 악보로 표현한다면,

R L R L L R   이며, 이론상으론 R L L L L R이 되어야 하는데 중간 L이 네 번 나오게 되어
연주의 편의를 위해 R L R L L R로 연주하세요. (악보12-2(악보-3)

④ 𝄽 = R L R 을 악보로 표현 한다면,

R   L   R   이며, 액센트 없이 스네어 드럼을 작게 연주하면 됩니다.

이 4가지 패턴을 손과 발이 편안하고 자연스럽게 연주 할 수 있도록 많이 연습해야 합니다.

7. 아이디어 컨셉. Jazz Solo 패턴

나머지 마디도 똑같이 그려보고 연습해보세요.

연습과제. Jazz Solo

악보에 직접 노트를 표시해보고 재즈 악보로 다시 그려 연주해보세요.

8. 아이디어 컨셉. 셔플(Shuffle) 베이스라인

이번 아이디어 컨셉. 역시 셔플이라는 리듬이 선행되어있어야 하며, 기초적인 악보를 통해서 아이디어 컨셉을 공부해보겠습니다.

Shuffle Rhythm - Triplet notes (1 T T, 2 T T, 3 T T, 4 T T)

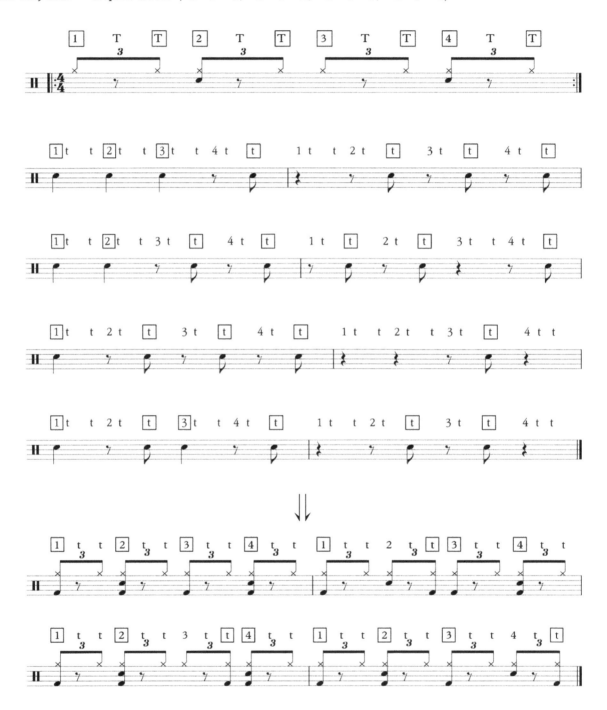

위의 첫줄 4마디를 셔플 베이스라인 컨셉으로 적용해 보았습니다. Triplet notes 사운드와 함께 연습해보세요.

나머지 4마디도 똑같이 그려보고 연습해보세요.

연습과제. Jazz Solo

악보에 직접 노트를 표시해보고 셔플리듬과 베이스라인을 이용해 악보를 다시 그려 연주해보세요.

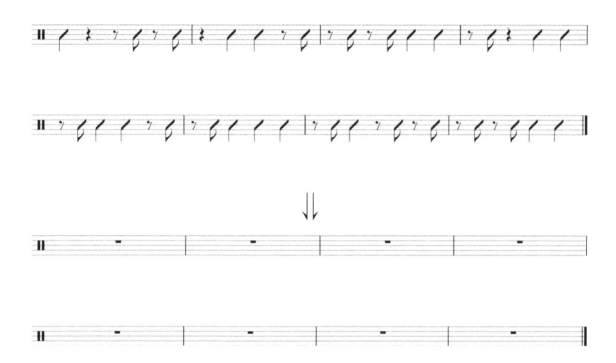

9. 아이디어 컨셉. Bossanova (Snare Comping)

이번 아이디어 컨셉. 역시 보사노바라는 리듬이 선행되어있어야 하며, 보사노바리듬은 8th notees입니다.
(1 +, 2 +, 3 +, 4 +)

위의 첫줄 4마디를 보사노바 스네어 컴핑 컨셉으로 적용해 보았습니다. 8th notes 사운드로 함께
연습해보세요.

나머지 4마디도 똑같이 그려보고 연습해보세요.

연습과제. Jazz Solo

악보에 직접 노트를 표시해보고 보사노바 컴핑으로 다시 그려 연주해보세요.

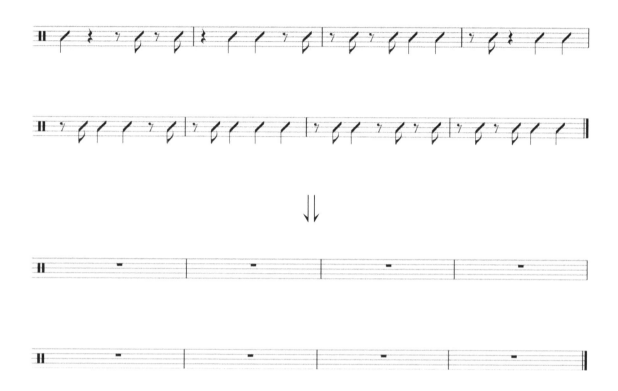

10. 아이디어 컨셉. Samba (Snare Comping)

 이번 아이디어 컨셉. 역시 삼바리듬이 선행되어 있어야 하며, 컷 타임(Cut Time) 박자에 대한 공부가
필요합니다.

 컷 타임은 박자에 2비트를 포함하는 것으로, $\frac{2}{4}$ 박자라는 기호를 가리키는 말입니다.

삼바 컴핑을 연습하기 위해서 보사노바 컴핑을 적용했던 8th notes 악보를 컷 타임 박자를 적용해서 연주하는
것이 어려울 수 있지만, 천천히 충분하게 연습한다면 누구나 쉽게 따라 할 수 있습니다.

컷 타임(Cut Time) 연습

먼저 8th notes 악보를 연주해보세요.

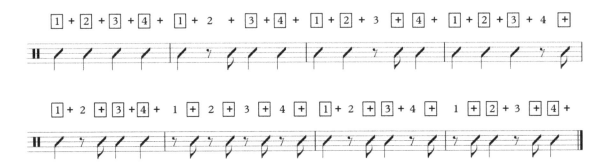

이 8th notes 악보의 두 번째 마디를 예를 들어 컷 타임으로 설명한다면,

1 + 2 + 3 + 4 +

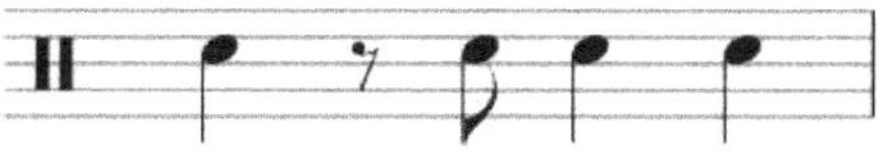

의 ♩ (4분음표)는 ♪(8분음표)가 되고, 𝄾 ♪(8분쉼표와 8분음표)는 𝄿 𝅘𝅥𝅯 (16분음표와 16분쉼표)가 되는 것입니다. (악보21-2-2), (악보21-2-3 (음표))

1 e n d 2 e n d

그래서 한 마디에 2박이 되고 노트는 16th notes로 연주해야 하며,

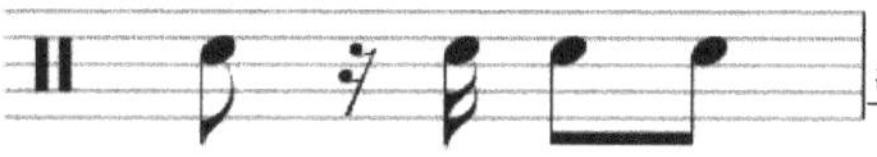

로 표시하게 됩니다.

1 e + d 2 e + d 1 e + d 2 e + d 1 e + d 2 e + d 1 e + d 2 e + d

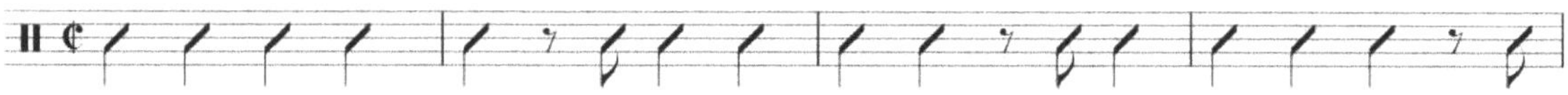

1 e + d 2 e + d 1 e + d 2 e + d 1 e + d 2 e + d 1 e + d 2 e + d

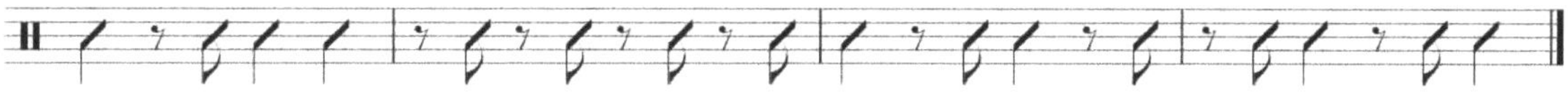

컷 타임(Cut Time) 연습은 Samba Comping을 하기 위해서도 열심히 연습해야 하지만, 악보를 센스있게 보고 연주 할 수 있는 훈련이기에 더 많이 적용해 보고 연주하세요.

연습과제. Samba Rhythm → (2박자 16th notes)
(1 e n d, 2 e n d)

악보에 직접 노트를 표시해보고 보사노바 컴핑으로 다시 그려 연주해보세요.

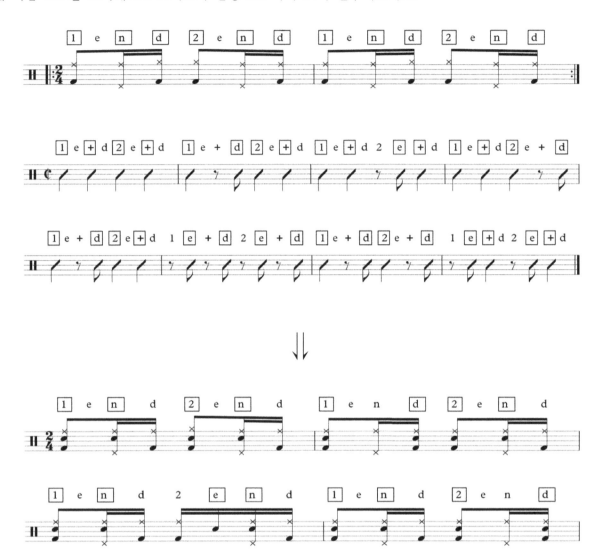

위의 첫줄 4마디를 삼바 스네어 컴핑 컨셉으로 적용해 보았습니다.
16th notes 사운드로 함께 연습하며, 나머지 4마디도 똑같이 그려보고 연습해보세요.

연습과제. Samba Snare Comping

악보에 컷 타임 표시를 한 후에 삼바 스네어 컴핑 연주를 해보세요.

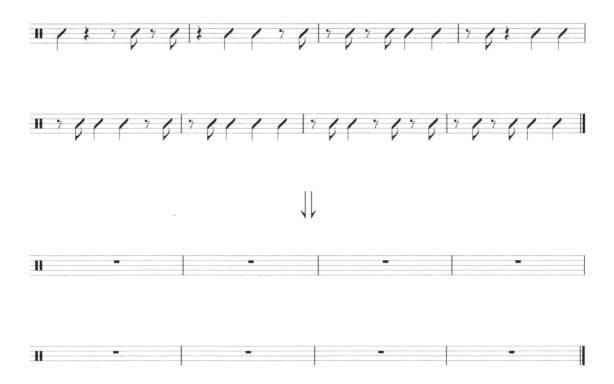

11. 아이디어 컨셉. 16th notes (Snare & Kick 응용패턴)

이번 아이디어 컨셉은 16th notes를 스네어와 베이스킥으로 적용해 보겠습니다. 변칙적으로 나오는 스네어와 베이스 킥을 16th notes를 이용해 봅시다.

① 첫 번째 패턴은 8th notes 리듬으로 연주하면

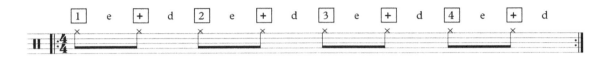

(※ 8th notes 리듬으로 연주할 때에도 사운드는 16th notes로 내야합니다.)

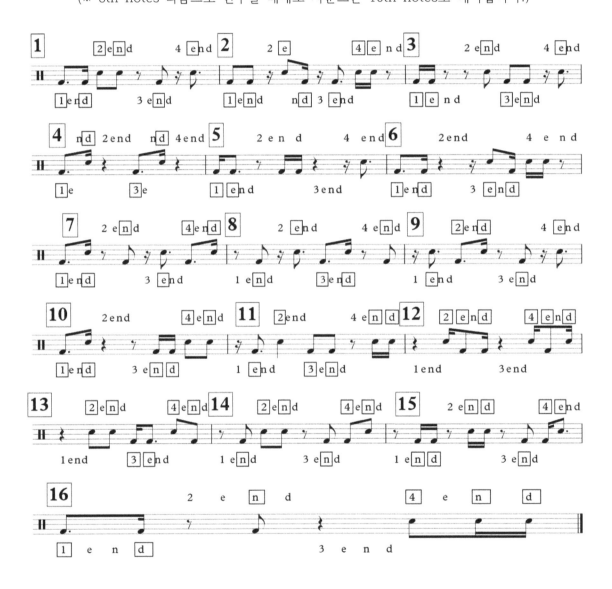

*악보의 첫 번째, 두 번째 마디를 8th notes 리듬으로 설명해 보겠습니다.

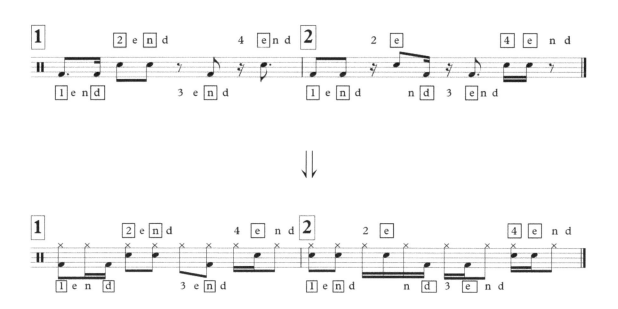

나머지 마디도 똑같이 그려보고 연습해보세요.

② 두 번째 패턴은 원핸드 16th notes 리듬으로 연주하면서 밑에 악보를 연주하세요.
(1 e n d, 2 e n d, 3 e n d, 4 e n d)

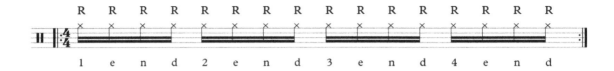

(※ 8th notes 리듬으로 연주할 때에도 사운드는 16th notes로 내야합니다.)

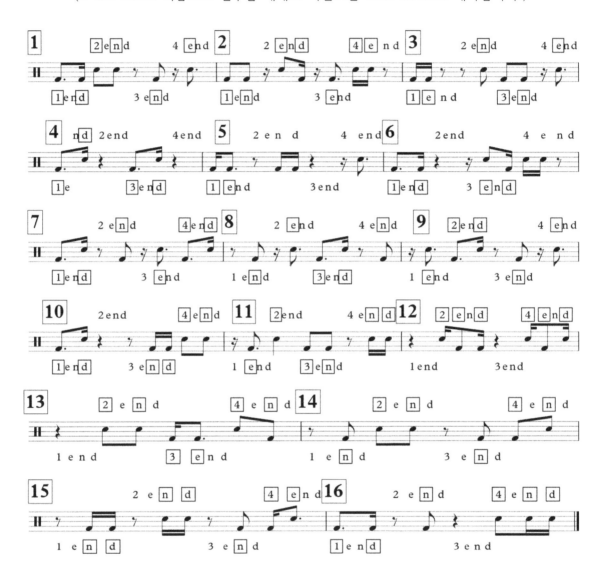

※ 악보의 첫 번째, 두 번째 마디를 16th notes 원핸드 리듬으로 설명해 보겠습니다.

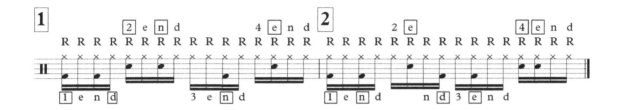

나머지 마디도 똑같이 그려보고 연습해보세요.

③ 세 번째 패턴은 투핸드 16th notes 리듬으로 연주하면서 밑에 악보를 연주하세요.
(R = 오른손, L = 왼손을 말합니다. 하이햇을 이용해 연주하세요.)

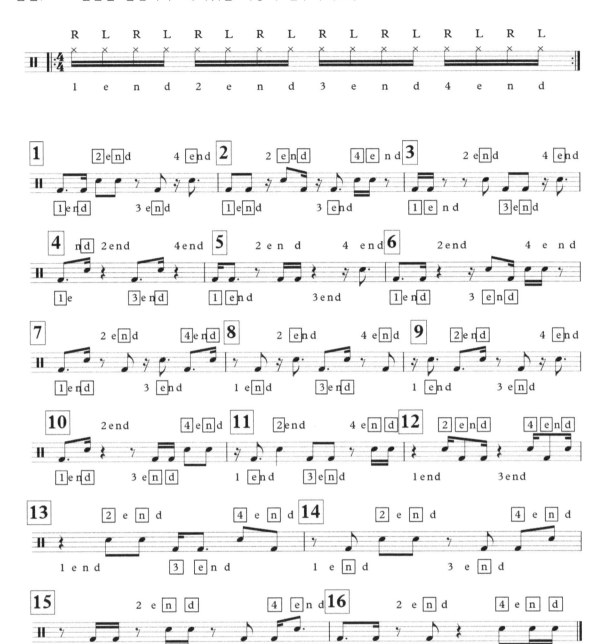

*악보의 첫 번째, 두 번째 마디를 8th notes 리듬으로 설명해 보겠습니다.

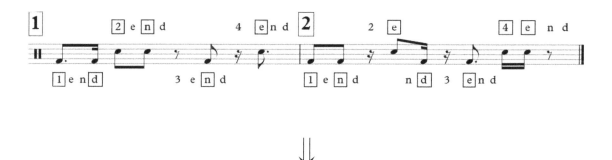

↓↓

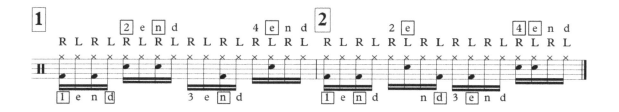

나머지 마디도 똑같이 그려보고 연습해보세요.

④ 네 번째 패턴은 투핸드 16th notes 리듬으로 연주하면서 밑에 악보를 연주하세요.
(R = 오른손, L = 왼손을 말합니다. 하이햇을 이용해 연주하세요.)

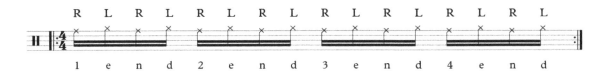

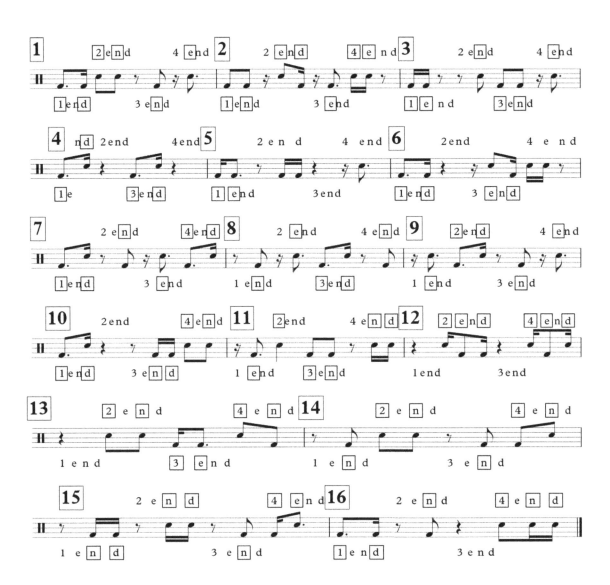

※ 악보의 첫 번째, 두 번째 마디를 16th notes 투핸드 리듬(R:라이드심벌, L:하이햇)으로 설명해 보겠습니다.

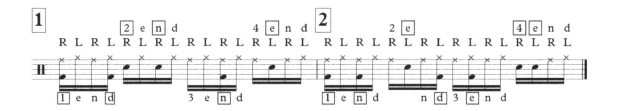

*나머지 마디도 똑같이 그려보고 연습해보세요.

연습과제. 16th notes Snare & Bass Kick 응용패턴 만들어보기 - 1

16th notes 스네어, 베이스 킥 패턴에서는 더 많은 응용패턴으로 만들어 볼 수 있습니다. 16th notes 안에서 변칙적으로 스네어와 베이스 킥 위치를 표시하고 리듬을 만들어 보세요.

12. 아이디어 컨셉. Simple 8th notes 응용패턴

변칙적으로 나오는 스네어와 베이스 킥을 16th notes를 이용해 공부해 봅시다.

이 악보를 4가지 패턴으로 응용해 볼 것입니다.
① 8th notes 리듬
② 보사노바(Bossanova) Comping
③ 재즈(Jazz) Comping
④ 셔플 베이스 라인(Shuffle Bass Line)

심플한 악보를 보고 다양한 리듬패턴으로 응용하고, 실제 연주에도 좋은 아이디어로 표현해 볼 수 있도록 공부해보세요.

① 8th notes 리듬

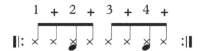

(8th notes 사운드는 1 +, 2 +, 3 +, 4 +)

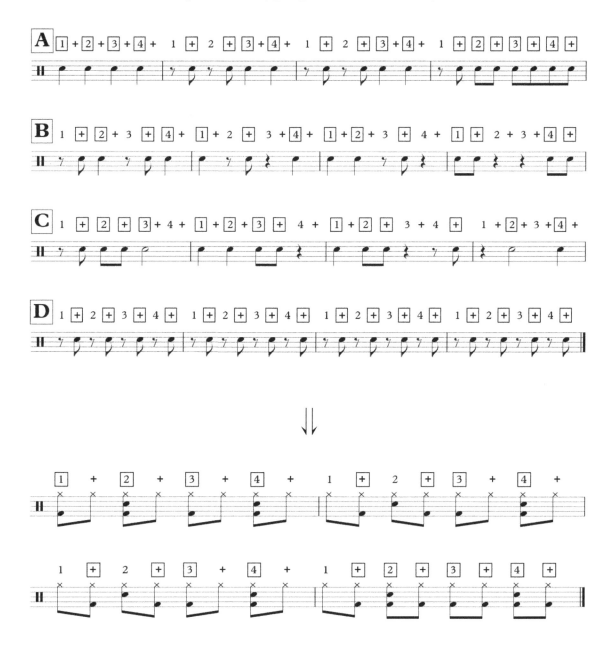

*악보의 첫 번째 줄 4마디를 베이스라인으로 표현하며, 8th notes 리듬 응용패턴으로 설명해 보았습니다.

나머지 마디도 똑같이 그려보고 연습해보세요.

② 보사노바(Bossanova) Comping

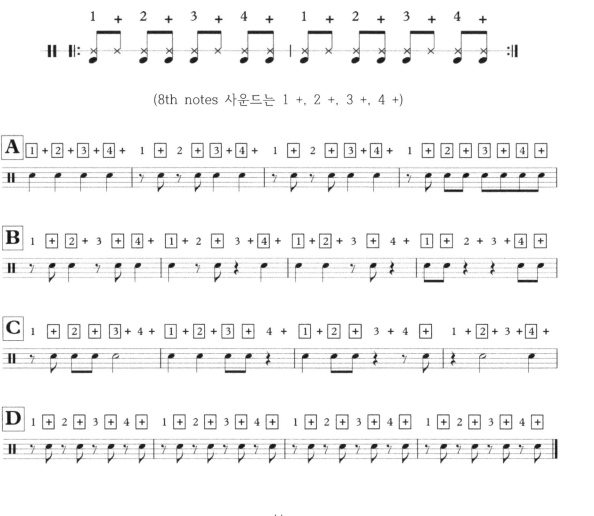

(8th notes 사운드는 1 +, 2 +, 3 +, 4 +)

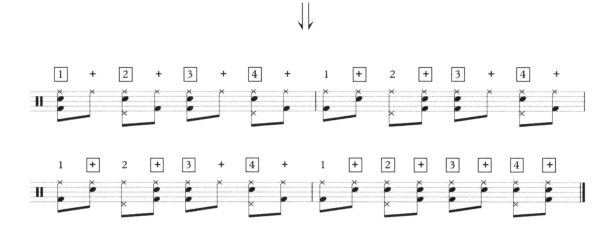

*악보의 첫 번째 줄 4마디를 베이스라인으로 표현하며, 8th notes 리듬 응용패턴으로 설명해 보았습니다.

나머지 마디도 똑같이 그려보고 연습해보세요.

③ 재즈 컴핑(Jazz Comping)

재즈 컴핑은 8th notes를 triplet notes로 표시해서 적용해야 합니다.

< ♩ = 1 T T,   ♪ = 1 T T,   ♫ = 1 T T >

8th notes가 triplet notes로 적용되는 것을 잘 이해해서 응용패턴을 만들어 보세요.

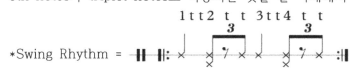

*Swing Rhythm =

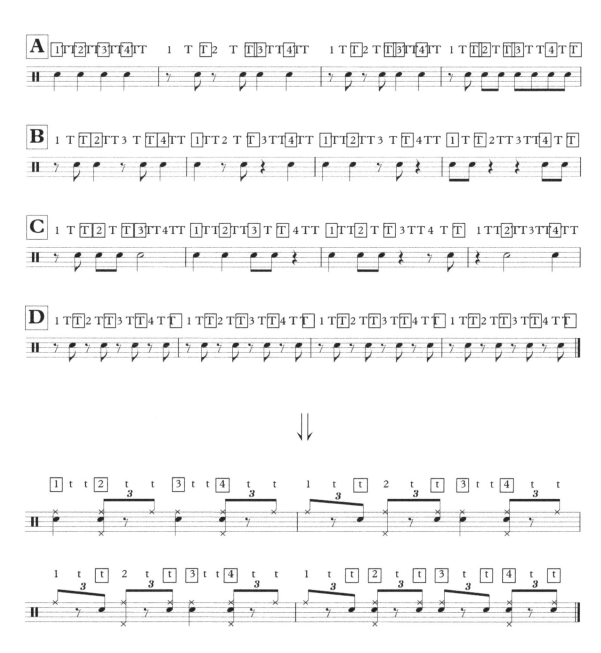

*악보의 첫 번째 줄 4마디를 8th triplet notes를 이용해 설명해 보았습니다.
나머지 마디도 똑같이 그려보고 연습해보세요.

④ 셔플 베이스 라인(Shuffle Bass Line)

<triplet notes = 1 T T, 2 T T, 3 T T. 4 T T >

*Shuffle Rhythm =

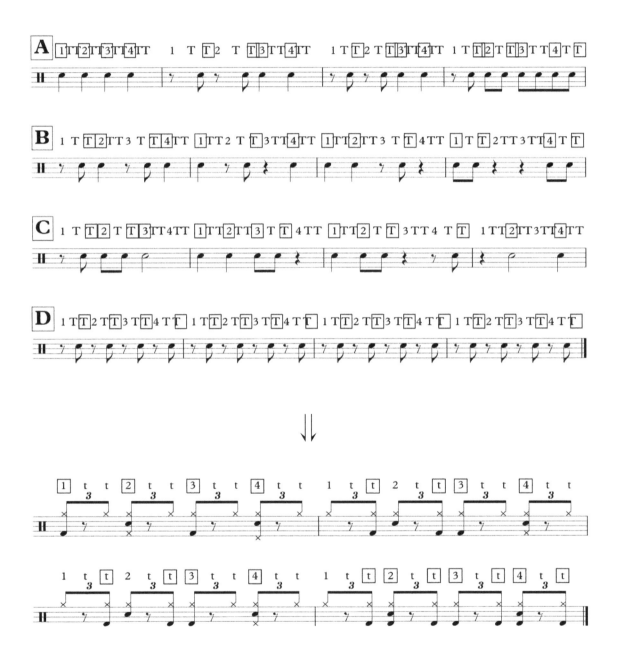

*악보의 첫 번째 줄 4마디를 셔플 베이스 응용패턴을 이용해 설명해 보았습니다.
나머지 마디도 똑같이 그려보고 연습해보세요.

연습과제. 컨셉 Simple 8th notes 응용패턴 만들어보기

또 다른 심플한 8th notes 악보를 보고 4가지 패턴으로 만들어보세요.

① 8th notes 리듬 응용패턴

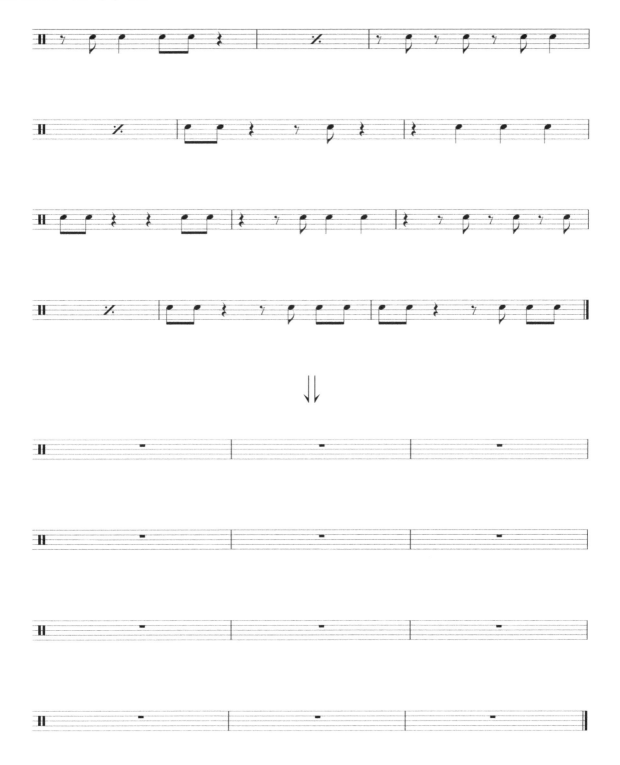

② 보사노바 컴핑(Bossanova Comping) 응용패턴

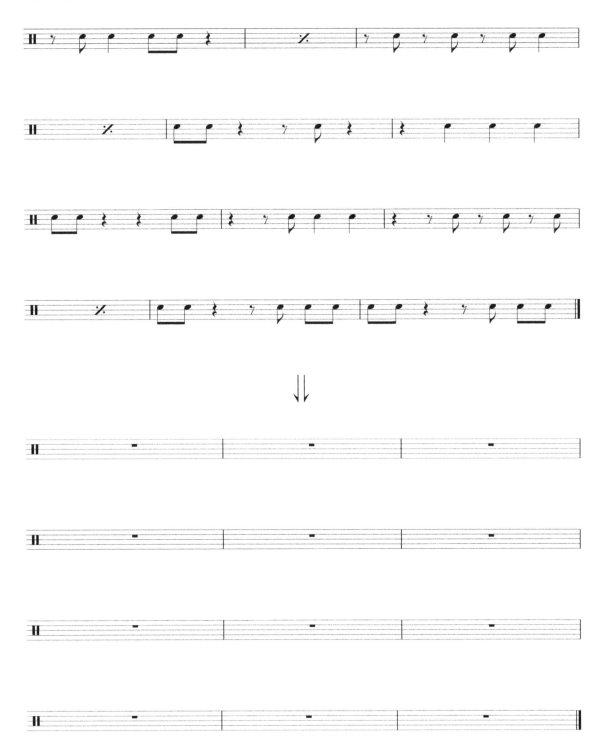

③ 재즈 스네어 컴핑(Jazz Snare Comping) 응용 패턴

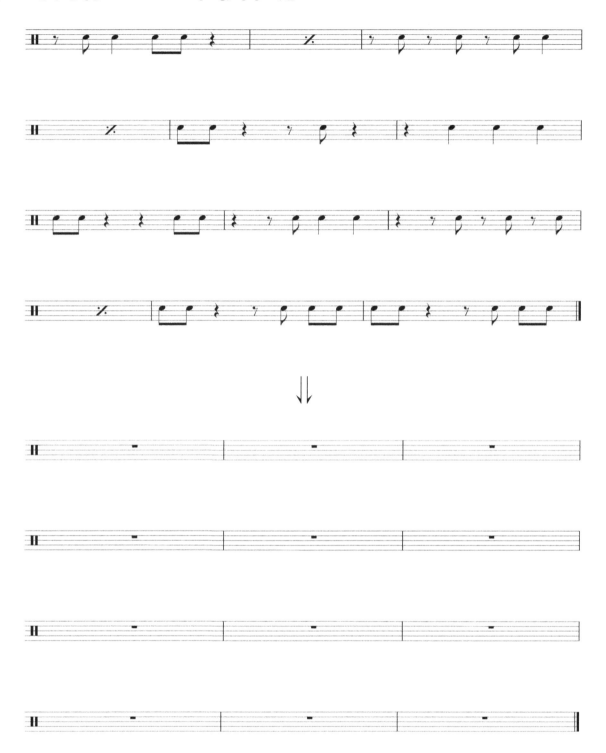

④ 셔플 베이스 라인(Shuffle Bass Line) 응용 패턴

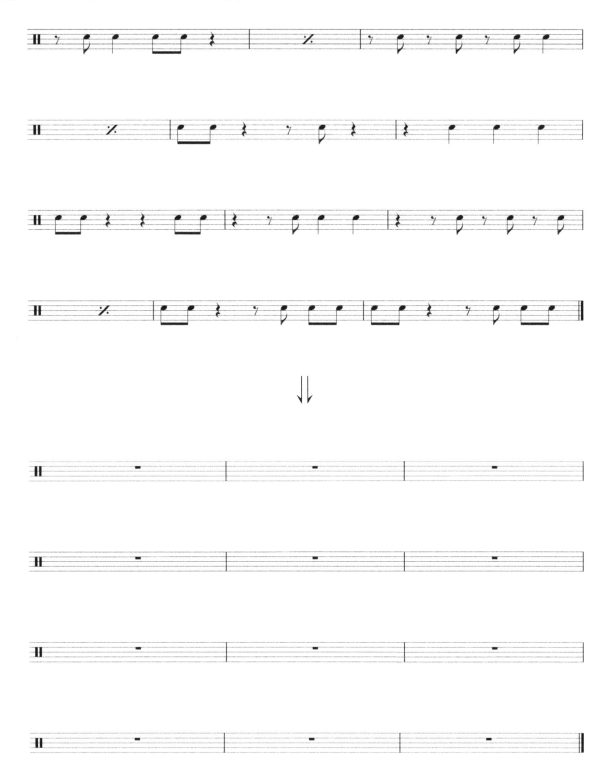

13. 아이디어 컨셉. 16th notes에서 나올 수 있는 15가지 패턴으로 솔로(Solo)만들어 보기

먼저 리딩1에서 공부했던 16th notes 15가지 그룹패턴을 다시 한번 공부하며, 16th notes 사운드로 연습해 보세요. (1 e n d, 2 e n d, 3 e n d, 4 e n d)

연습과제. 16th notes 15가지 응용패턴 솔로(Solo) 만들기

리딩 1에서 연습했던 1-15번까지 16th notes로 보고 패드나 스네어에서 사운드를 내며 액센트 연습을 했던
패턴에서 액센트를 표시했던 노트에 베이스 킥도 같이 연주하는 방법입니다.
(16th notes 사운드를 내면서 천천히 연습해보세요.)

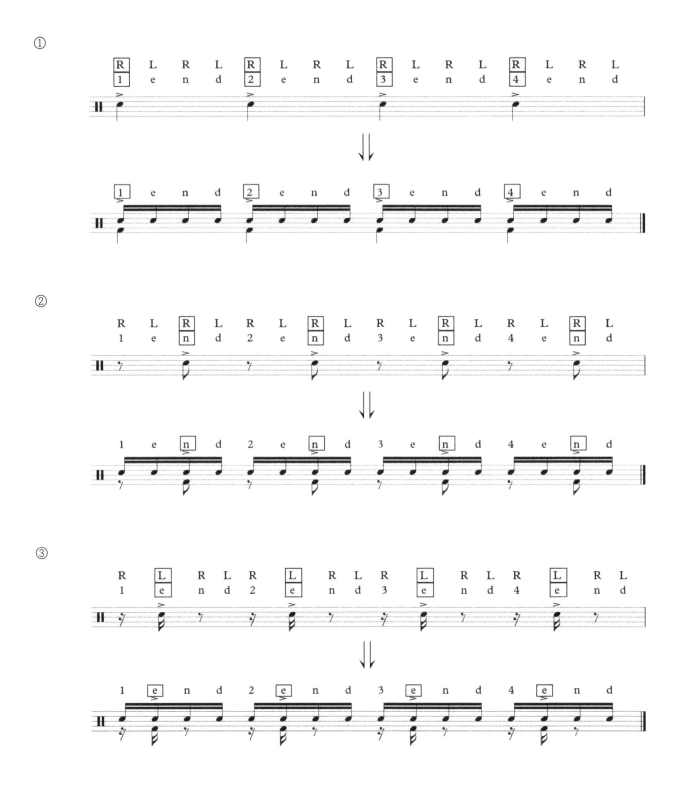

④

⑤

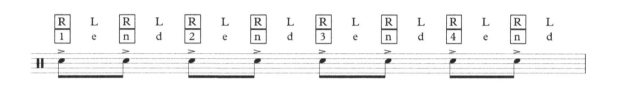

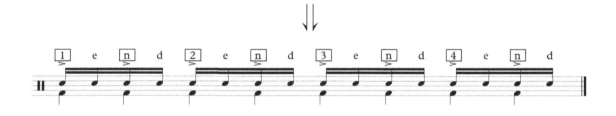

⑥

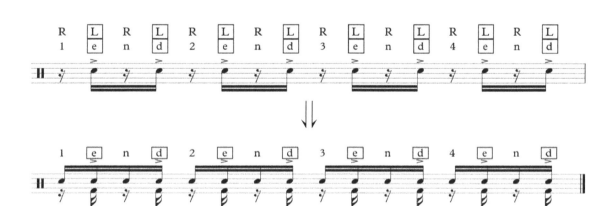

⑦

⑧

⑨

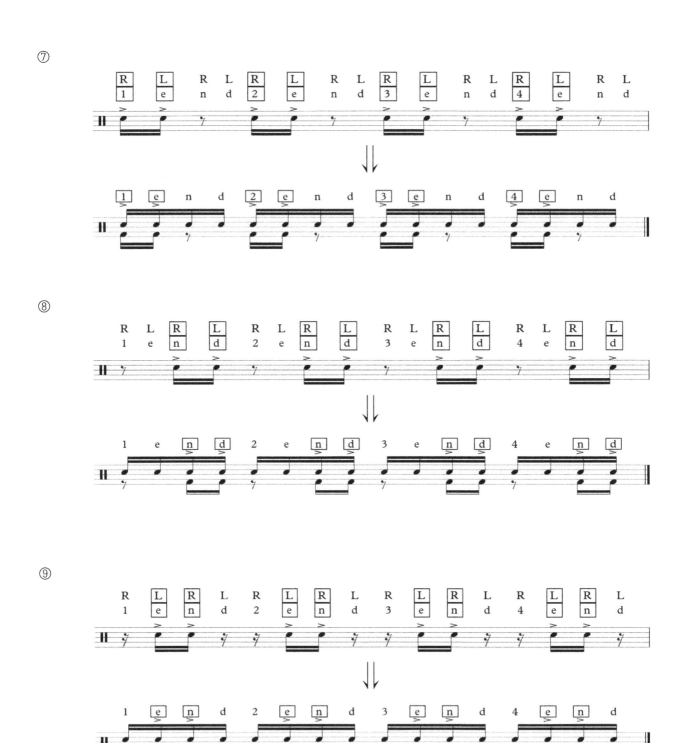

⑩

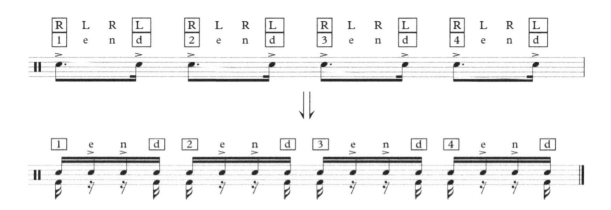

⑪

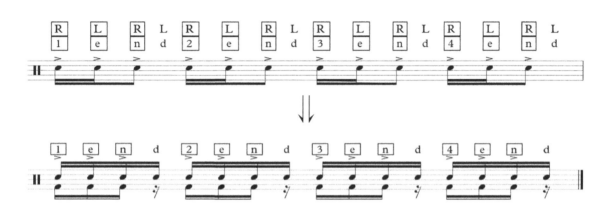

⑫

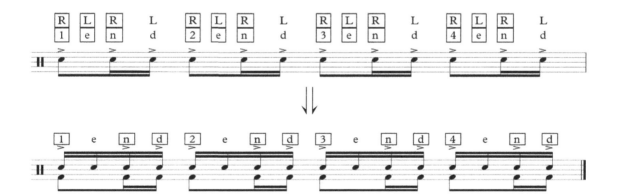

- 49 -

⑬

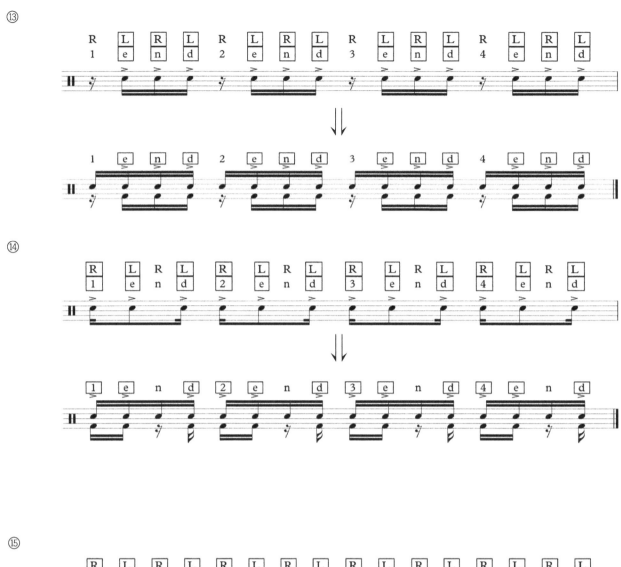

⑭

⑮

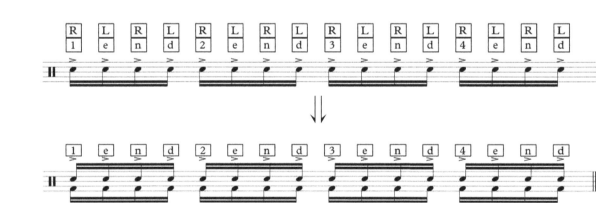

14. 아이디어 컨셉. 16th notes를 이용한 Tom Solo 패턴

악보에 맞게 스네어 드럼을 이용해 연습을 하세요. 악보상 베이스 드럼이 들어가는 부분에 스네어 드럼 액센트가 들어가면 되며, 즉 16th note로 스네어 드럼으로 연습하다가 손 번호가 붙은 부분에서 액센트가 들어가면 됩니다. 액센트가 들어가는 부분은 꼭 스네어를 치시 않고 하이햇이나 탐탐을 쳐도 됩니다. 그러나 반드시 스네어를 통해 선행 연습 후 넘어가도록 하세요.

1번부터 10번까지 예제를 보고 연습 후, 11번부터 15까지는 본인이 직접 만들어보세요.
(※ 1 - Hi-Hat, 2 - 1st Tom, 3 - 2nd Tom, 4 - Floor Tom)
(※ 스틱킹은 모두 <R L R L>입니다)

①

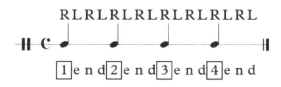

②

③

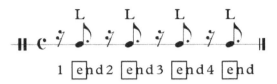

④

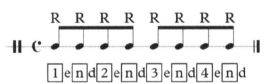

⑤

⑥

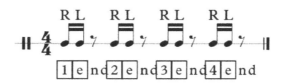

⑦

⑧

⑨

⑩

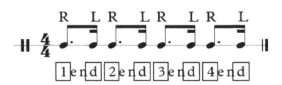

탐솔로의 좋은점은 드럼세트를 모두 사용할 수 있는 패턴이라는 점과 모든 드럼셋을 사용하면서 시야가 넓어지는 장점이 있습니다. 그리고 각자의 기량에 맞게 응용한다면 좋은 아이디어와 Fill In, Solo등을 만들어 낼 수 있습니다.

몇 가지 더 응용 패턴을 직접 만들어 보며 아이디어를 채워 나가세요.

15. 아이디어 컨셉. 탐 솔로(Tom Solo) 응용 패턴

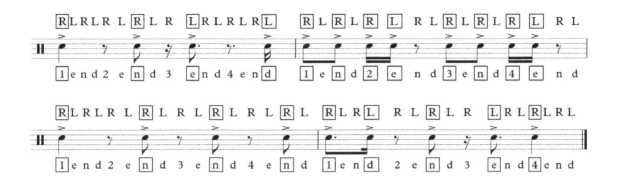

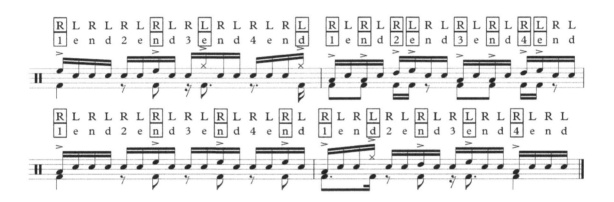

※ 탐 솔로 응용 패턴에서 액센트 부분은 스네어를 뺀 나머지 어느 부분을 쳐도 무방하며, 액센트가 아닌 부분은 스네어를 치게 되는데, 작은 소리로 연주하면 됩니다.

이 아이디어 컨셉. 탐 솔로 패턴을 한마디로 사용한다면 Fill처럼 사용할 수 있으며, 2마디 이상으로 사용하면 Solo처럼 사용 할 수 있습니다. 이 교재에서는 심플한 악보와 기초 이론을 가지고 다양하게 사용할 수 있는 방법을 배워 보았습니다. 자신에 기량에 맞게 응용해서 만들어보고 직접 연주하며 익힌다면 훌륭한 연주자로 가는 길이 될 수 있습니다.

연습과제. 탐 솔로(Tom Solo) 응용 패턴 만들어보기

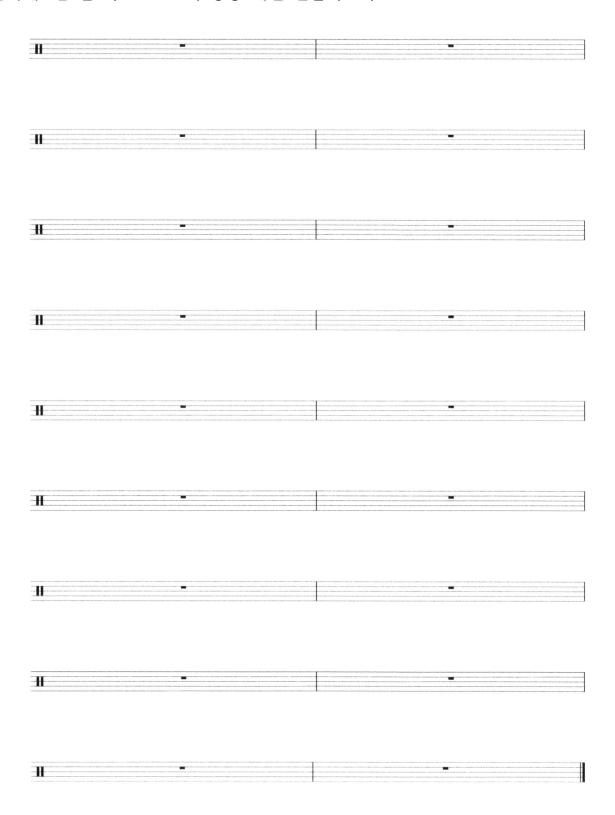